망가진 기타

망가진 기타

서정민 유고시집

삶이 보이는 창

◀초등학교
입학 당시의 모습

▼어릴적 친구와 함께 찍은 사진

▲고등학교 졸업사진

▼1996년 대학 교정에서

▲1996년 대학 교정에서 친구들과 함께

◀1996년 가을,
대학 안에 소박한
문화예술무대인
〈목요작은무대〉를
정기적으로 열어
자작시를 낭송하던 모습

▶ 풍물패 활동을 하던 사진. 다른 악기는 못해도 징은 쳤다. 비록 정박은 제대로 못쳤지만.

▼ 대학 졸업사진

▲남해 공무원시절 사진

▼2005년 5월, 동아리 '한마당' 동문회 모임에서 찍은 생시의 마지막 사진

■ **유고시집 발간에 부쳐**

 그를 우리는 '포치'라 불렀습니다.
 술자리에서나 식사자리에서 안주나 반찬을 자기 앞으로 끌어대는 품이 굴삭기를 닮았다 하여 애칭으로 부르게 된 거였습니다.

 포치는, 풍물을 놀 때에 징을 쳤습니다. 정박으로 치지 못하더라도 아무 소리 말라며, 나머지 악기의 소리를 죄다 감싸는 징을, 그는 좋아했습니다.

 계단을 오르내릴 때에 옆에서 부축이라도 할라치면, 손사래를 치며 물리쳤습니다. 먼저 올라가거나 먼저 내려간 동행들이 기다리는 것도 못하게 했습니다. 그렇게 하여 포치는, 자기를 기다리지 않기 위해 걸음 속도를 자연스럽게 늦추어 '나란히 걷는 법'을 우리에게 알게 해 주었습니다.

 그런 포치가 지금은 우리를 기다리고 있을 것입니다. 구름 위에서 하늘을 부유하며 느긋하게 기다리고 있을 것입니다. 이미 느림의 미학을 깨우친 까닭에 속끓임 없이 기다리고 있을 것입니다.

포치가 그렇게 날개 달고 훨훨 날고 싶어 우리 곁을 떠나던 날, 우리는 그의 시에 대해 이야기했습니다. 유고시집에 대해서도 이야기했습니다.
 2006년 2월, 유고시집을 내기 위해 포치의 지인들이 모였습니다. 창원대 국문과 동문회, 창원대 한마당 동문회, 민주노동당 마산시위원회와 공무원노조 마산시지부, '걷는 사람들' 등의 단체를 대표하여 참석한 이도 있고, 남해 하동 지역의 지인들 등 개인적으로 참여한 이도 있었습니다.

 정식적으로 등단한 시인이 아니어서 출간 자체를 많이 걱정하기도 했습니다. 그러던 차에, 오남해 님의 도움으로 『삶이 보이는 창』에 원고를 보내게 되었습니다. 원고를 검토하고 출간 여부 결정을 기다리는 동안 꽤나 애를 태우기도 했습니다. 그런데 생각보다는 훨씬 일찍 답변이 왔습니다. 출간하기로 했다는 것이었습니다.

 이 유고시집 발간이 단순한 추모행사적 차원이 아니라, 그가 생전에 이루지 못한 것을 이제나마 이루어서 그의 부모님의 응어리진 가슴을 조금이라도 풀어드리고, 그를 기억하는 사람들의 가슴에 그의 시를 안기어 두고두고 그를 기억할 수 있는 기회가 되었으면 하는 게 우리의 바람입니다. 아울러 세상 사람들에게 그의 삶을 보여주고, 그의 삶을 본 사람들 또한 그를 기억해 주기를 바라는 마음으로 이 시집을 내놓습니다.

선뜻 해설을 맡아주신 민병기 교수님과 추모평론을 써주신 조춘희 님을 비롯한 김해화 시인, 송창우 시인, 그리고 박일환 대표 이하 『삶이 보이는 창』의 여러분, 이 일에 정성을 모아준 모든 이에게 감사의 말씀 드립니다.

2006년 12월
고 서정민 시인 유고시집 발간준비위원회

■차례

4 · 고 서정민 시인 화보
9 · 유고시집 발간에 부쳐

16 · 서시

1부

19 · 메주
20 · 창원대학교 1
21 · 창원대학교 2
22 · 배반의 추억
24 · 1996 가을, 레드
25 · 모닥불 가에서
26 · 쌍발에서
27 · 까페 블루
28 · y를 보내고
29 · 깡통차기
30 · 징
31 · 옹팔이
33 · 신포나루
34 · 저녁달
35 · 모리제 부근
37 · 담배
39 · 노을

2부

돌담부랑 · 43
원전에서 · 44
귀가 · 45
백수주급대강(白手酒級大綱) · 46
이매진 어브 리모컨 · 48
스피드 · 50
달력 · 51
소를 타고 1 · 52
소를 타고 2 · 53
김광석 · 54
풋감 · 55
숨은 별 · 56
항문 조이기 · 57
무제 · 58
세상 속의 집 · 59
겨울나기 · 60
소리집 · 61
등을 밀리며 · 62

3부

65 · 망가진 기타 1
66 · 망가진 기타 2
67 · 망가진 기타 3
68 · 망가진 기타 4
69 · 빛과 그림자
70 · 땡초
71 · 작은 배
72 · 불나비
73 · 갈치와 나
74 · 딸기 한 접시
75 · 파기
76 · 영화 구경
77 · 눈
78 · 맑은 날
79 · 늦은 밤 아리랑
81 · 여름날
82 · 달밤
83 · 워드 연습, 혹은
84 · 한 끝
85 · 벽
86 · 약탕기 옆에서
87 · 겨울나무
88 · 동백꽃 자리

4부

방울뱀 1 · 91
방울뱀 2 · 93
망치 · 94
장구 · 96
붕어빵 · 97
요즈음 · 98
망가지는 이유 · 99
어느 쇠잡이에게 · 101
겨울밤 · 102
장미 · 103
강변 · 104
자장가 · 105
강물 · 106
계단 · 107
안경 · 108
다리 · 109
궂은 비 · 110
다산초당 가서 · 111
밑살 · 112

해설 민병기 슬픔의 아리랑 · 113
추모평론 조춘희 발효하는 메주, 오늘을 살다 · 131

서시

난 살 거야 이 흔들림을
뻣뻣한 모가지 비뚤어진 표정이 싫어서
찍지 않았던 사진도
즐거이 찍으며
여인아, 이제 오랜 손때로 반질거리는
내 사랑도 보여주며
다만 가슴만 쥐어뜯는 밤이 아니라
대낮 어지러움 속을 걸어가듯
내가 마주 보아야 할 고통의
거울 같은 세상 속으로
흔들흔들 걸어갈 거야

1부

메주

꿈꾸지 말자
그 여름 후끈거리는 대지를 꿰뚫고 솟아오르던
우리들의 치기는, 오만은
이미 삶겨지고
절구통 속에서 철저히 짓이겨지지 않았느냐

이제 내 몸은 굳어져
마산시 화영동 1-5 서봉기 씨 집 골방에서
퀴퀴한 곰팡이와 더불어 잠이 들지만
얼음 어는 소리까지 들릴 것 같은 이 밤에도
가슴은 오히려
주체할 수 없는 기쁨으로 불타오른다

오랜 세월
우리들의 아픔 짜디짠 소금기로 절여가며
풋고추 상추를 위해 한 가슴 푹푹 떠내일 줄도 알고
때로는 우거지처럼 못난 이웃과 함께
속도 끓일 줄 아는
그런 사랑법을 배웠음으로 해서

창원대학교 1

집에서 가장 멀리 도망친 곳
60번 타고 여행을 가듯이
8년 반 동안 다닌 학교
술 먹으면 집에 오기 싫던 창원대학교

술이랑 밥일랑은 다 얻어먹고
그 힘으로 책 사 보고
PD가 나 혼자뿐이라고 믿게 만든 창원대학교
그래서 후배들 끌어모아
선배들에게 좆나게 대들던 곳

여자들이 촌스러웠고
남자들은 그보다 더 촌스러워서
우물쭈물거리던 나
안 촌스러운 그녀를 만났고
떠나보낸 곳

아직도 술 고픈 내가 가끔씩 출몰하는 곳
내 청춘의 따뜻한 무덤 창원대학교

창원대학교 2

　더러는 농사꾼의 아들이거나
　더러는 월급쟁이의 맏딸로 태어나
　도망칠 수도 안을 수도 없는 시대를
　강의 빼먹은 막걸리나 목에 걸리는 투쟁가로 버티다가
　빤한 고집이 무거운 책임으로 바뀌던 날
　말단 사원이나 면서기, 입시 강사가 되어 떠나던 얼굴들
　너무 일찍 늙어버리던 우리들의 젊음이여
　어디선가 짜디짠 꿈 하나를 몰래 핥고 있을
　추억 속의 봉림골 가시나, 머시마들

배반의 추억

학교 교회 장학금을 삥땅해서
만화방에서 최인호 소설을 빌려 보거나
양희은, 들국화, 조동진을 사서 듣던 고등학교 시절 이래
배반이 나를 싱그럽게 하던 때가 있었다

2학년 여름방학 내내
재인이와 삼익독서실에 터 잡아 놓고
손님들 다 가고 난 뒤에 틀어 주던
마산극장의 일본 포르노 따위나 훔쳐보며 개긴 거라든지
자율학습도 없던 토요일 오후까지 붙잡아 놓고
못 가게 말리던 신민당 개헌 현판식 보기 위해
원판이와 기어이 월담한 거라든지
순간의 배반이 나를
쑥쑥 커가게 만들던 그런 때가 있었다

대학 입학하자마자 장학금을 놓쳐
아버지를 배반하고
육체를 배반해 보기 위해

연극과 풍물에 빠졌었고,
백무산, 신동엽을 권해 주며
장정일, 김영승을 읽으며 통쾌해 하던 나

이제 배반은 아름답지 않고
배반의 추억들만 아름다울 테지만
아직도 남아 있는 삶의 어귀 어귀에서
은빛 비늘로 퍼덕거리고 싶다

1996 가을, 레드

마지막 목숨으로 산천을 물들이는 단풍잎처럼
세상에 야하고 따스한 옷 한 벌 입힌다는 게
얼마나 어려운 일인데
촌스런 한총련이건
동해안에 출몰한 무장공비건
그 사이 눈물에 짓무른 얼굴들을 모두 지우는
1996 가을, 아직 붉은색은
피칠갑이다, 히스테리다

모닥불 가에서

학교 앞 개울가에 모닥불을 피웠다
낮부터 마신 막걸리에 취해
나 태어난—꾸냥의 귀걸이는 겉돌아가고
시린 바람을 그대로 맞고 있는 등 뒤로
문득 건너다 본 대학촌은
아직 제 나이를 모르는 웃음과 고민들이
형형색색 불빛으로 흘러 따스하다
이렇게 초라한 열정으론 세상을 밝힐 수 없어
악만 써댔는지 몰라 우린 생각하고 있는 동안에도
버스는 종점을 돌아 속속 출발하고
일어설 결심을 한다

쌍발에서

후배들의 수련회에 얹혀 온 길
우리끼리 먼저 소주를 마셨다
오랜만에 올려다본 맑은 밤하늘
별빛처럼 가까웠고
그게 또한 반가움이 되었지만
아직 젊은 우리에게도 삶은 녹록치 않아서
취직 못한 동갑내기 선배는
아무 시험이나 쳐볼 거라 말하고
작년에 손가락을 잃은 후배는
자꾸만 오른손을 숨겼다
담력훈련이랍시고 공동묘지를 도는 후배들처럼
우리의 지난날도 엉성했을 거라고 푸념을 섞다가
더러는 차를 몰아 돌아가고
취한 가슴 속으로 파도 소리는 밀려드는데
엉성해도 될 날은
얼마 남지 않았다는 걸 알고 있을까
다음날 후배들은
바다를 보며 반나절 풍물을 쳤다

까페 블루

월영대 뒷골목 까페 블루는
눈 맑은 배불뚝이 위성이 선배와
십 년 된 시어머니 김문주가 열던 가게

손님들 빈 자리를
위성이 선배 시름으로 채우고
철근쟁이 해화 형 시에
남 선생님 인터넷 전도와
영주 형 마산 역사를 들으며
내 힘으로 돈 벌면
마음 놓고 술 한번 대접해야지 생각하던 곳

비 오는 날이면
뜨거운 커피 한 잔에다 추억의 지느러미를 풀어
나 사는 동네 바라보며 앉고 싶었던 곳

밀려난 가슴이 오래 머물고 싶었던
80년대의 끝바다
까페 블루

y를 보내고

아무도 울먹이지 않았다 네 송별식 날
우리는 웃고 떠들며 만세삼창까지 하고
너 또한 막 깎고 온 머리로
나중엔 뒤집어서 사회를 보았다
그래 기억한다, 큰 눈망울로 집요한 논쟁으로
주저앉고 싶은 나를 향하여
끊임없이 부딪쳐 오던 너를
그날도 우린
서로의 온기가 전해질 만큼의 악수를 하고 헤어지고
나는 어설퍼서
너를 보낸 가슴 속으로 소주를 퍼부어 넣었지만
헤매임은 헤매임이었을 뿐 뭘 채울 수는 없었다
네게도 내게도 더 보태야 할 것은
헤매임이 아니었으므로

깡통차기

경남대 앞에다 깡통차기를 차리고 술래가 된 근호는
절간에나 들어가 버리고 싶단다
그래서였을까, 문 위에 딸랑딸랑 풍경을 달았다

나이를 먹는다는 건 술래가 되는 일
식구와 밥줄과 체면을 깡통처럼 매달고
더 찌그러지지 않기 위해 버팅기는 것

차버리고 달아나는 세월을 붙들어
외로움으로 절간을 짓고
깡통을 두드려 풍경소리를 얻는 일

여보게, 월영선방 젊은 땡초들
밥벌이 화두에 지쳐 근호네 곡차집엘 들리걸랑은
아직은 덜커덕하고 잡힐 때 좀 남았으니
 찻잔이나 술잔 뒤에 숨어도 우레소리로 새는 깡통
들 꺼내 놓고
 마음 맞춰 풋풋한 염불이나 한번쯤 외다 가게나

징

등을 달구어 징을 매고 싶어
우두커니 서 있던 내 손에
동기놈들이 같이 뛰자고 잡혀주었던 징
몰아가야 할 가락에서도
덩덩 원박이나 짚고 있던 나에게
여러 박을 쳐야 한다고
현식이 형이 가르쳐주었던 징

산다는 게 외마치 홑질굿 같을 때
그래서 푸너리나 중얼중얼 읊조릴 때
가끔은 시나위청으로 엇박 짚을 때에도
제 속을 오래 들여다보며 되새김질하는
순한 소 울음 하나 품고
해 저문 산을 넘어가고 싶어

옹팔이

김해 촌놈 옹팔이는 내 삼 년 후배다
하나라도 더 배우겠다는 욕심에
힘 조절 잘 되지 않는 내게서 뒤통수를 얻어맞고도
묵묵히 참아내던 그 놈은 사실
술잔 앞에서는 아직 개차반인 내가
제일로 두려운 몇 중의 하나다

이학년 회장 시절엔
원시공산제로부터 시작되는 경제사를
반드시 한 번 읊고 나서야
본론을 시작하고
장구를 배에다 걸고 폼을 잡던 놈이었다

터진 맹장을 잘라내고 나서도
"엄마, 뭐할라 왔십니꺼." 여유를 부리던 녀석
알고 보면 중고등학교 때부터 매니아였지만
노래방에서는 삼류 락커인 옹팔이

편한 자리에서는 아이 같고
어떨 땐 심각함이 나보다 더 늙어 보이는

내 후배 김용효는
오늘도 그 우직함으로
어디에선가 약삭빠름의 뒤통수를
텅텅 날리고 있을 것이다

신포나루

철아, 권아 기억하니
기약 없는 젊은 날 꿈만은 화창하여
봄바람에 가슴 적시러 갔던
낙동강 옆자락 신포나루
강둑 너머 펼쳐진 들판에서는
간질간질 솜털 같은 모들이 자라고
백사장에 녹음기를 틀어놓고 물수제비를 뜨면
아무리 깊은 강이라도 성큼 건너갈 수 있을 것 같
았던 때를
물오른 버들가지 꺾어 만든 피리를
봉곡시장까지 들고 와 불었지
흘러가야 될 강물은 길고 길어서
가라앉지 못한 것들이
시커먼 물결로 떠오르는 날에는
신포나루, 갖고 온 피리 하나
뚜우 불어본다
나 아직 새로 떠날 수 있는 나루인지 물어본다

저녁달

경남대학교 학생회관 앞에서
앳된 고등어들이 풍물을 칩니다
잊었던 흥에 발길 멈춰 돌아보면
구경하러 나온 게 나뿐이 아닙니다
가로등도 머리를 흔들고
곁에 섰던 나무들도 어깨를 들썩입니다
이 땅에 울려야 할 것들은 아직 많아서
갑갑한 마산바다도 깨끗한 신명으로 솟구칠 날이
올 거라고
저녁달도 부포로 활짝 피었습니다
징이라도 뺏어 들고 나서야 할 판입니다

모리제* 부근

내려다보면 안개 사이
잠시 두고 온 것들이 가물거리는데
전기 없는 여름 밤이
가슴 속 말들로 환하다

여기는 불과 칠백고지
그것만으로도 오르는 길엔 숨이 가쁘고
내쫓아도 자꾸만 달려드는 잠과 모기떼들이
또한 너희를 힘겹게 하지만
그러나, 애들아
우린 얼만큼을 오르고 또 내려야
눈멀지 않는 불빛
오래 반가운 얼굴 하나 될 수 있을까

뙤약볕 아래
백, 이백 장단 춤에 너희는 쓰러져 울고
내가 나가본 내에도 물이 마르고
지금은 다만 목 타는 그리움일 뿐이었지만
어제까지 굴렸을 큰 돌, 작은 돌
뿌리 뽑힌 나무 그 모든 흔적들이

길이 되어 있었다
곧 쏟아질 빗방울들이 모여들

*모리제(慕里濟) : 거창군 북상면 덕유산 자락에 있는 제실로, 1992년 여름 '창원대 민속문화연구회 한마당' 전수지.

담배

아버지가 집사였던 재인이가
예배당 종탑 밑방에서 피던
위반의 짜릿함이여
그 놈은 맡겨논 담배를 아직 찾아가지 않았다
그 후로 그 짜릿함은 내게도 전염되었다

폼을 잡던 회의시간에
쪼르르 달려와 얻어가던 그녀와
학생회관 옥상계단에서 피던
순진했던 설레임이여
그 후로 여자후배들이 담배 피는 걸 볼 때면
그 애가 전염된다

지독하게 골초였던 만큼
생각도 완강했던 여자후배 하나
안개 끼고 정전된 밤에
교정에서 담배 피며 만세를 불렀다
색깔 고운 주머니에서 꺼내주던 뜨거운 열정 하나
지금도 간직하고 사는지
안부가 깜박거린다

무명실 같은 세월을 연기로 내뿜으셔서
　돌아가실 때까지 머리만은 족두리 쓰시던 그대로
였던 할머니
　손자를 위해 갈라 주시던 따스함이 생각날 때면
　목숨 끝까지 깊게 타들어가
　자유로 날아오르고 싶다

노을
— 철에게

낼 모레면 서른
벌써 배가 나오기 시작한 내 친구야
북면 막걸리 떨이 진국
연극 얘기 우리 얼굴이
앞산 노을보다 더 익었다

2부

돌담부랑

 어릴 적 우리 집 돌담부랑
 넘어져 삘 때마다 할머니께서 처매주시던 노락쟁이도 자라고요
 장어국, 된장찌개에 넣으면 향긋하던 방아도 자라고요
 허술한 틈새로 많은 것들이 자랐습니다
 돌 한 개 스윽 빼내고
 반짝이는 구슬이랑
 별들이 둘레를 빼곡이 채운 딱지를 감춰두던 돌담부랑
 오늘도 우리들은 얘기합니다
 자기의 담장이 가장 허술하다고
 서로의 담 높이만 살피다가 돌아오면 생각납니다
 방아꽃 사이로 벌들이 부지런히 오가던 돌담부랑
 그 따스했던 가을 나절이

원전에서

눈 부벼도 자꾸만 길이 흐려
찾아 나섰네 원전바다 울 아재 집

밤바다를 밝혀
꽃게를 건져 올리던 울 아재
그 속에 풀려나 돌아오지 않네

울 아재 더 이상 절름거리지 않네
술 취한 형도, 술 취한 아버지도 없는
넘실넘실 그 집에서는

나는 이제 아재 나이
따개비 같은 미련들만 덮은 채
원전바다 울 아재 집 앞
오래 밀리며 서 있었네

귀가

어두워진 골목을 절름절름 오릅니다
앞서가는 달빛도 절름거리고요
위태롭지 않은 길이 어디에 있겠습니까
한 조각 희망도 없이
누군들 길을 나섰겠습니까
다들 그 사이를
출렁출렁 걸어가겠지요

백수주급대강白手酒級大綱

일단 전화가 오기를 눈 빠지게 기다린다
전화가 안 오면 알아서 찾아간다
진객을 알아보고 주연을 배설하면
온갖 잡설과 오버 액션으로
흥취를 더한다

주연이 무르익어
강호를 장악한 소인 잡배들을 성토하는 목소리가 높아지면
학운정법學運正法 수련 시절을 되살리고는
분연히 일어나
토벌하기를 강한다

그가 나의 급소를 찌르지 않는 한
묵묵히 앉아서 배杯 수를 더한다
그가 나에게 협객의 외로움을 토로하면
비장의 설검무舌劒舞를 추어
그를 위무한다

모두 마셔버리고 싶구나

책임지지 못하는 말들
책임지지 못하는 날들

이매진 어브 리모컨

당신이 혹시 백수라면
오랜 병을 앓고 있는 환자라면
서른이 넘은 독신이라면
상상해 보세요

돈도 없고
찾아가거나 올 만한 친구도 없어서
할 수 있는 일이란 게 고작
동네 비디오 가게에서 구색 맞추어
예술영화 하나, 홍콩 하나, 찐한 것 하나 빌려 보는 정도라면
터져 나오는 울음과 분노와 욕망을 누르듯이
리모컨이나 꾹꾹 누르고 있어야 한다면
지금 당신의 손에 쥐어진 바로 그 리모컨으로 상상해 보세요

상상해 보세요
지금 당신의 인생이 지긋지긋하다면
예고편쯤으로 치부해 빨리 감아버리시고
가장 빛났던 시간들만 되감아 보시고

당신이 고통에서 해방되는 장면을

당신과, 또 다른 아픔의 채널들이 모여서
국가와 계급과 착취와 온갖 차별들을
정지시키고, 꺼버리는 걸
격렬한 섹스 씬을 찾아보듯이
당신과 세상이 열뜬 몸으로 만나는 순간을

게으른 상상이
근사한 삶을
근사한 세상을 부를 수 있을는지는 모르겠지만
세상에서 가장 편한 자세를 하고서
게으르게, 아주 게으르게
이매진 어브 리모컨
숨 한번 쉬어 보세요

스피드

키아누 리브스가 나오는 영화 스피드에서처럼
우린 오늘도 질주하고 있어
폭탄이 장치되었다고
늦추거나 멈추면 모두 죽을 거라고
끊임없이 협박당하는 이윤의 속도로

영화 속에서처럼
아슬아슬한 고비들을 넘고 또 넘어
속도를 따라잡고 마침내는
버스를 멈추는 걸 꿈꾸지 않았던 건 아니지만
오늘 엎드려 앞좌석이나 꽉 붙든 채
떨어지지 않고
치이지 않고, 터지지 않기만을 제발 빌며
폭탄이 되어 질주하고 있어

달력

달력 젖히면 살아온 날들
꽃 피고 눈 내렸다
돌아볼 겨를도 없이 꽃을 밀어 올린 나무들
이제 막 단내 씻기운 꽃에 겹쳐진 빛바랜 날들
다 말해지지 않았고
뒤집어 펼쳐질 수도 없다, 더 가야지
달력 젖히면 살아갈 날들
다시 비 내리고
바람도 불 것이다

소를 타고 1

내가 탄 시내버스는
등판 널찍한 소
손주 손 잡은 할머니도
애기 업은 엄마도 태우고
햇볕 따스한 오후 한 시를
느릿느릿 건너고 있구나

좌석에 찍어놓은 엉덩이 자국처럼
내 삶도 곧 잊혀지리니
졸면서 지나치는 정류소로 생각하자구
학교를 땡땡이친 애들처럼
즐거운 나머지가 되어보는 거야

갈 수 없는 분명한 길이 고삐가 될 때
팽팽한 처녀한테로 눈길 풀어놓듯
시내버스를 타고 난 출근하고 싶어
지상이 아닌 나라로

소를 타고 2

방금 올라탄 놈아 셋
손짓으로 떠들기 시작했다
누가 보건 말건 표정도 열심이다
그 놈들 내릴 데 놓쳐 뛰어나가고
소가 맑은 물로 등목을 쳤다

김광석

둥근 무덤을 닮은 시디를 열어
그대를 불러내면
홀로 땀 흘리며 노래하는 얼굴
맑은 슬픔 하나가 일렁이더라
그 뒤에는 언제나 쓸쓸한 배경이더라

풋감

지금은 베어진 마당의 감나무
여름을 다 견뎌내지 못하고서
톡톡 떨어지던 풋감들
떨어진 거 다 주워 먹고 나면
간짓대 치켜 올려 가지를 흔들었다
"애야, 옷에 감물 들면 잘 안 진다."
어머니 말씀
그 후로도 몇 개나 더 먹었을까
문학이니 이념이니 목 매던 풋감들
편한 갈옷은 못 되고
군데군데 얼룩으로 남은 풋감물을 아직도 벗지 못
했다

숨은 별

나온 별은 모두
이를 악물고 웃고 있다
그 사이엔 어둠이고
떨어져 서로를 바라보는 눈빛들
밤하늘 그렇게 터질 듯한 표정인데
또 어디 어디 숨었나
몰래 제 얼굴에 묻은 슬픔을 닦고 있을 별들

항문 조이기

태교음악을 한다는 김도향이 TV에 나오면
한 수 가르침을 청할 때마다
꼭 권하는 게 항문 조이기다
정력에 좋다기에 따라하다가 문득 생각해보니
우주로도 채울 수 없는 아홉 개의 구멍을 가졌으니
잘 챙기라고 말한 건 아닐까?
우리 같은 범인들은
결혼이나 새끼들로 마개를 삼아 사고율을 줄이기에
장가간 친구 놈들은 불러내 술 얻어먹기 미안한데
난 그 마개 하나 갖지 못한 채 가끔 실수로 꿈을 꾼다
사람마다 아홉 구멍에서 꽃을 피우고
온 천지 꽃향기 화창한 봄날

김도향이 보면 분명히 그러겠지
"니 똥구멍이나 잘 조여라."

무제

덮어줄 눈도 없는 남쪽의 겨울
차창을 뚫고 쳐들어오는 저녁 어스름
바람이 두드리지 않아도 흔들리고
나는 이 길에서 충분히 초라해졌어
당장의 부재를 견디지 못했기에
외로움이 뜨거운 배경이 되는 그런 집을 지을 수 없었던 거야
길들지 않는 열망이여, 지독한 리얼리티여
이제 그만 나를 놓아다오
불안이여, 나를 조직하지 말아다오
덜컹거리는 이 길 옆에도 저문 바다가 있을 뿐이겠지만
두꺼운 껍질 속에 얼굴을 묻고
세월의 뻘밭을 게처럼 기고 싶다

세상 속의 집

새들이 나뭇가지에 집을 짓고
사자들이 들판에다 집을 지을 때
결혼은 세상 속에 집을 짓는다
오랜 까치발 종종걸음 영권이, 현정이
빛나는 약속으로 삽을 드는 날 오늘은
믿음으로 억센 기둥을 세우고
사랑으로 아늑한 벽을 두르고
희망으로 솟구친 지붕을 씌워서
노동으로 덮힐 수많은 낮과 밤이여
또한 새롭고도 새롭기를
그대들 만난 처음처럼
걸어가는 두 사람
세상을 향해 열린 아늑한 오솔길이기를

겨울나기

중풍으로 두 번 쓰러져 무릎 꺾인 할머니
기어서 방바닥을 닦으시네
이불을 개시네
티빌 보며 중얼거리시네
젊은 날 제 욕심에 무릎 꺾여
종일 누워서 머릿속이나 뒤지고 있는 내게
이불 덮어주시다가
"할매, 가만 좀 놔두이소."
흠칫 놀라시네

다시 올 것 같지 않는 봄날

소리집

가만히 돌아누우면
맥박소리가 들립니다
그 소리를 따라 들어가 봅니다
어릴 적 타작마당 도리깨질 소리와
고깔을 쓰고 돌던 메구소리와
상여 나가는 소리가 들립니다
이제는 노래 같은 어머니 꾸지람과
학교 갔다 왔는데 아무도 집에 없다고
울던 소리도 들립니다
목 쉰 찬송가와 웅성대는 기도소리
가투 나간 날 최루탄 터지는 소리보다 더
가슴이 내려앉던
그대 오시는 날은
굶었던 말씀이며
그릇 씻는 소리며
언제나 깨끗이 치워둔 방
목 빠지는 설레임입니다

등을 밀리며

동네 목욕탕 깡마르게 벗은 노인 한 분
어줄한 내 모습 보기 안쓰러우셨을까
대뜸 등을 밀어주겠다고 하셨다
돌아앉은 몸에 손길 닿을 때
나는 누구의 등 하나 순정한 마음으로 닦아준 적 있었는지 몰라
눈물 솟는다, 부끄러움 함께 솟는다
누가 내게 힘들여 때 묻은 등을 보여줄 때
그를 향하여 흔쾌히 돌아선 적 있었는지 몰라
가슴 한 구석 때는 자꾸만 밀리는데
그만큼의 세월을 벗은 몸,
등을 맡기고 앉아
생각했다, 목청만 높았을 뿐 손 닿지 않았을 내 등과
다시 보아야 할 세상의 벗은 몸을

3부

망가진 기타 1

난 망가진 기타
빛나는 노래의
오래 울리는 배음이 되고 싶었네

머릿속의 완벽한 선율을 따라
속주로 이륙하고 싶었네
운명의 코드를 바꾸고 싶었네

남은 현들을 힘껏 조여 보는 거야
먼지를 잠 깨워 춤추게 하고
통쾌한 달을 쏘아 올려서
밤하늘 가득
별들의 박수소리를 들어보는 거야

난 망가진 기타
고요가 나를 삼키기 전에
내가 지닌 모든 불협화음으로
징징 울어보는 거야

망가진 기타 2

좋아했던 70년대 포크송처럼
순진한 낭만은 반성이 허락된다지만
심장이 행진곡처럼 뛸 줄 알았던 시절을 지나
단정하게 펼쳐지기에는 너무 멀리 왔다
두어 개 줄은 이미 끊어졌고
조여도조여도 새어나오는 울음
나의 슬픔은 어긋난 아르페지오

망가진 기타 3

열망이 내 안에서 꽝꽝 울릴 때마다
한 곡 한 곡에서 끝장을 보려 했던가
다시 돌아가 슬며시 열어두었던 뒷판이여
익숙한 발걸음이 길이 되었는가
항상 과부하로 걸리고
아무데서나 터지는 슬픔이여
이제 증폭되지 않는 운명을 걸고
길게 울어야 할 시간이 오는데
나는 소망한다 오, 제발
뚫고 지나온 개구멍 사이에도 노래가 깃들기를
그리하여 내 삶에도
위안이라는 땜방이 덕지덕지 붙어 있기를
아픔에 딱지가 앉기를

망가진 기타 4

이 줄을 고쳐 매는 동안 저 줄이 터지고
연주할 악보를 잃어버리고
밴드는 해체되고
객석이 텅 빈다
그게 세월이다
어차피 지나야 할 가설극장이라면 다시 치고
가슴 속 공허에 줄을 걸어야 한다
외로움의 목을 부여잡아야 한다

빛과 그림자

장사익이 노래하네
사랑은 행복, 사랑은 불행이라고
나는 노래하고 싶네
몸이 행복, 몸이 불행이라고

짠짠 짜라라라란
그대 모옴이 태양처럼 빛날 때
나는 그으대의 어두운 그림자아

노래하고 싶네
몸은 나의 천국, 나의 지옥이라고

땡초

시詩란 말言로써 짓는 절집寺이라
참 좋은 말이다
히히, 그러면 나는
제일로 게으른 땡초쯤 되겠구나
사실 이놈의 절집이란 게
잠깐씩 쉬어 가기에는 좋지만
오래 틀어 앉아 폼을 잡기에는
여간 지겨운 게 아니라서
도망친 적도 한두 번이 아니지만
저잣거리의 온갖 색色들에 틸리고
마음의 풍경 소리에 덜미를 잡혀 번번이 되돌아오면
우리 절에 시주한 보살, 처사 몇몇은
벌써 죽비를 들고 섰다

작은 배

반짝이는 아침햇살에 취해서
시를 쓰던 한 아이 작은 배
노래 불렀네 떠날 수 없다고
아주 멀리 떠날 수 없다고
십 년 흘러도 묶인 배 그 아이
시를 쓰고 있네
아주 작은 물결에 쉽게 부서지며

불나비

그래, 불나비였는지도 몰라
여름 한철 성가신
어둠에 눈먼 불나비
빛에 눈먼 불나비

정작 부끄러운 무늬들은 감춰두고
나 어쩌면 어둠에 등 댄 사람들보다
현란한 광채를 더 사랑했는지도 몰라

더 내어줄 가슴이 있다면 배워야 해
보이는 것에도
보이지 않는 것에도
눈멀지 않는 법을

이 밤도 환한 것들은 모두
제 외로움을 환히 밝혀서 환한데
나의 외로움은 충분한 것인가
충분한 것인가

갈치와 나

며칠째 잊어먹고 그냥 놔둔 갈치를 꺼내 놓으니
파랗고 하얀 곰팡이를 피워내며 썩어가고 있었다
…팽개쳐둔 나는 얼마나 지독한 냄새를 풍길까
비누로 두 번 씻은 손에 아직도 남아 있는 갈치 냄새

딸기 한 접시

너에게 줄 수 있을까 딸기 한 접시
붉은 내 마음
육체는 여기서 시들고
꿈들은 뭉개지는데
네 입 안 가득 싱싱한 향기로 터지고 싶은
붉은 내 마음

파기

도공이 그릇을
철학자가 개념을
선수가 기록을 파기하는 것처럼
깨뜨릴수록 환히 빛나는 상처도 있구나

꽃 피는 시절부터 꽃 지는 시절까지
기억부터 추억까지는 너무 멀고
내가 부순 사금파리에 찔리며 가는 길

영화 구경

내가 나오는 화면은 늘
시퍼런 칼날 위 목으로 건너는 줄타기 같고
한 발자국 사이에도 산맥이 걸려 있다
피칠갑 낑낑대는 기본 줄거리야 바뀔 리가 없겠지만
가끔은 흙먼지로 오버랩해서
추억의 영사기라도 틀어주면 안 되나
월계, 화계, 수수, 목단, 금단, 초단, 일
공주마마 같은 건 안 나와도 상관없지만
깡충거리던 누이 같은 여자 하나 만나서
머리 위로 치켜 올린 고무줄을 앞곤두로 가볍게 뛰어넘듯
내 앞에 걸린 현실의 줄을 함께 넘고 싶고
사방치기, 비석치기
끌고 가야 할 모든 말들을 손바닥만하게 해서
깨금발 폴짝폴짝 몰고 싶어질 때

눈

천년 고목을 다시 새롭게 하는 눈
어린 놈 자지 같고
날아오는 주먹세례 같은 눈
요지부동 결가부좌
상相을 꿰뚫는 눈
이 나라 동안거冬安居 끝내는 날
솟아오르는 선지식으로
일제히 견성성불 게송偈頌 터뜨릴 눈, 눈들

맑은 날

내걸 수 없는 깃발이 있다면
그래도 사를 수 없는 마음이 남는다면
몸만큼만 잘라내 속옷을 해 입으면 되는데
맨살 위에서 바래고 부드러워지면 되는데
다 해지면 걸레로 만들어
먼지 낀 방바닥이나
내 발에 묻어 온 땟국이나 닦으면 되는데

가느다란 목숨 끝에다
속옷과 걸레를 매달고 팔랑거려도
눈물 나지 않는 맑은 날 있을까

늦은 밤 아리랑

오래 잠 못 드는 밤이면
보일러나 냉장고 소리도 시위를 합니다
그냥 제대로 돌아가는 것뿐인데도
고장난 내 앞에서는
지들끼리 치고 노는 굿판 같습니다

돌아보지 않았던 내 걸음도
누구 앞에다 산을 쌓고
절벽을 파놓았을지 모를 일입니다

늦은 밤 다시 들어보면
나를 버리고 가시는 님은
십 리도 못가서 발병 난다고
사립문 뒤에 서 있던 아리랑이 발을 동동 구릅니다
일체 중생 제도하기 전까지는
다만 기다리고 있겠노라던
미륵 부처님 말씀이 되어 펼쳐집니다

오래 잠 못 드는 밤이면
먼 고개를 돌아온 슬픔 하나가

보일러나 냉장고 소리로 가깝게 들리며
아리 아리 나를 깨웁니다

여름날

석삼 년 다시 석삼 년
고치 틀고 누워도
우화되지 않는 몸 위로
생각들만 왔다 가는구나
죽일 수도 낚아챌 수도 없는 생각들만
살아 들끓는구나
손에 쥔 어둠을 갉아먹고
환한 절창을 뽑으리라던 나의 여름날은
이렇게 가는구나

달밤

찢어진 댓잎 위로 달빛이 그렁그렁합니다
산다는 것은
평생을 흔들어도
다 털어내지 못하는 슬픔을 매달고서
굵은 마디를 키워가는 것인지도 모릅니다

워드 연습, 혹은

너를 켜고 싶어
날마다 싱싱한 언어들을 올려놓고 싶어
자판 위를 건너뛰듯
네 가슴 속을 달려보고 싶어
그러나 오래 더듬고 있는 손가락처럼
내겐 익숙한 자판이 없고
익숙한 세상이 없고
한 발자국만 늦어도 닫혀버리는 창들
이제 내 사랑은 너무 낡은 버전이야
폭력이 되거나 구걸하지 않으면
뽑아버릴 수 없는 코드를 꽂은 채
천천히 녹슬어가는 일만 남았어

한 끝

성철 스님 입적하시기 전
세상에 남긴 죽비 소리 하나 돈오돈수頓悟頓修
— 순간 순간이 깨우침이니 수행 또한 그러하다 —

때로는 한 끝 잘못 짚은 게
멱을 따는구나
돼지 같다는 느낌豚悟에 잠깐 고개 들었다가
다시 돼지 같은 잠豚睡에 빠지려는 저녁

벽

나는 그게 열려진 거라 착각하고
유리창을 머리로 받아 깨뜨린 적이 있다
한때 시를 쓰지 못했던 것처럼
투명한 벽도 벽이다
그러므로 내 시를 읽고 아픈 사람이 있다면
더 볼 것 없이 찢어버리기를
나는 요즘도 투명한 벽의 사기에 자주 속는다
머리를 내밀면 쑥 받아 안고
나비가 팔랑팔랑 날아서 건너는
아무도 아프지 않은 벽
그러면서 따뜻한 벽
씰데없이

약탕기 옆에서

겨우내 걸어두었던 몸을
봄기운이 너무 세게 두드렸나 봅니다

똑같은 흙과 공기를 먹고 자랐는데도
어떤 풀과 나무는 약을 쟁였습니다

너무 쉽게 끓어 넘치거나
모진 독을 품었던 적도 있었습니다

겨울나무

다 들추고 나면
비뚤어진 걸음만 고스란히 남으리라
달리는 바람을 붙잡지 않고
뛰노는 별들을 가두지 않고
하늘에다 밑 빠진 그물만 담그고 선 겨울나무
다시 시작하기 전에 목욕재계하는
시린 마음 한 그루 품고 싶다

동백꽃 자리

그가 붉은 꽃을 피웠는지 나는 모른다
여름 내내 발밑의 물을 길어 올리고
부지런히 햇살을 뭉쳐 만든
그 씁쓰레한 열매를 한 모금 깨물어 보았을 뿐
늦가을 씨를 뱉어낸 검은 꽃자리가
오래 결리고

4부

방울뱀 1

그래 맞아, 난 방울뱀이야
하지만 믿을 수 있겠니?
내가 한때 대열의 맨 뒤를 따라서
지평선을 넘어가고 싶던
순한 낙타였다는 사실을

눈 감고, 귀 막고 사막을 건너가자고
밤이면 숱한 맹세를 피워 올리고
나는 그 곁에서 끄덕끄덕
잠이 들곤 했었어

깨어나 보면 흩어져 모래바람이 되거나
천천히 굳어가는 얼굴들
내가 할 수 있었던 건
배를 땅에 까는 일
그리고 독을 품는 일뿐이었어

이제 오아시스 따윈 아무 데도 없다는데
촤르르 촤르르
내 몸 속에선 아직도 물소리가 흐르고

그때마다 나는 몸서리치고 있어

용서하지 마, 널 물고 늘어지는 건
나의 외로움이 치명적이기 때문이야

방울뱀 2

믿지 않기로 했어
언젠가 이 땅에 풀이 돋아나듯
내 몸에도 부드러운 깃털이 덮일 거라는 말들

정오의 태양보다 견디기 어려운 건
정글의 소문이야
머리 위를 맴도는 속삭임이야

눈치껏 기다려 보라구?
한번 날아 보라구?
그러나 방울뱀은 방울뱀일 뿐이야
독수리가 될 순 없어

남은 고길 먹기보다는
살아서 팔딱이는 너를 삼키고 싶은
나의 길은 사이드 와인드
주린 눈 번득이며 너에게 기고 있다

망치

'날아라 슈퍼보드'에 나오는 사오정
쭈글쭈글하고 작은 그의 무기는 망치
하나, 둘, 셋, 넷… 열까지 헤아리며 두드리면
웬만한 것들은 "꽝" 하고 날아가 버리지

피터 폴 앤 메리는 노래했네
만약에 망치를 가졌다면
온 세상의 어둠을 날려버리겠다고

삼십 년 전에 나온 '해머송'을 들으며
생각했네, 팔뚝 걷어붙이고
투쟁의 망치로 노동자의 하늘을 어쩌구
노래하던 게 불과 삼사 년 전이라는 걸

시를 끄적이고 있는 내 손은
아무래도 조그마한 주먹
'부서져라, 낡은 비유.'
'부서져라, 낡은 세상.'
자꾸 엉뚱한 무기만 꺼내
다른 것들만 박살내버리는 사오정처럼

하나, 둘, 셋, 넷, 다섯, 여섯, 일곱, 여덟…
오늘도 머리통만 열심히 쥐어박고 있다네

장구

몸속을 파내고
세월을 하나, 둘 조여 묶으면
고개를 끄덕여 궁편을 치면
채편 쪽에서는 발걸음 소리가 나리라
그렇게 부지런히 걸어가다 보면
산다는 일도 허벅진 잔치판 같으리라

붕어빵

내가 쓰는 시가
붕어빵 같았으면 좋겠어
현실의 빵틀에다
언어라는 반죽과 꿈이라는 앙꼬를 넣어 구워낸

추억의 이름으로
종종걸음 치는 이를 붙들어 세우거나
영혼의 허기를
잠깐이나마 따스하게 때워줄 수 있는

호떡이거나 핫도그면 또 어떠리
그렇게 시를 쓸 수 있다면
그런 자세로 살 수만 있다면

어느 후미진 골목에
삼류 시들을 펼치고 서 있다가
팔리지 않아 무거운 리어카를
그대로 이끌고 돌아와도 좋겠어

요즈음

그때는 운동이 세탁기처럼 보였어
한참을 담겨져 돌아가다 보면
깨끗한 빨래 하나로 걸릴 수 있을 것만 같았어
희망은 푹 젖은 성냥갑 같고
기억을 짜내면 구정물이 줄줄 흘러
선운사엘 가서
아직도 누워 있을 천불 천탑을 봤으면 좋겠다는 생각을 했어

망가지는 이유

김수영은 말했다
풍자가 아니면 해탈이라고
그러다 그는 늦은 밤길 버스에 치여서 해탈했다

김지하는 본따서
풍자가 아니면 자살이라고 그러다가
박정희한테 걸려서 열나게 깨지고
그 후로도 많이 아팠다

이제 소아마비 장재민은 시집 제목을
『위악』이라고 들고 나왔다
그도 많이 아플 것이다

모든 이분법들은
한 시절을 견딜 수 있다
그러나 그게 또한 망가지는 이유가 된다

나는 불어놓고도 막지 못한 풍선이 되어
위선의 여기저기를
픽픽 부딪히고 있는 것은 아닐까

진주조개가 아니더라도
반성이든 추억이든
상처에 둥근 딱지를 앉혀야 한다

어느 쇠잡이에게

쳐라, 아픔을
네가 먼저 손을 들어
너의 아픔을 치기 전에는
세상이, 아픔이 열리지 않나니
쳐라, 중심을
짚어야 할 것은, 꿰뚫어야 할 것은
아픔의 중심, 모순의 중심이므로
그렇게 마주쳐서 열리게 하라
열리게 하라 그대
슬픔을 만나거든 숨구멍이 되고
아직 젖은 눈에
그러나 새삼스럽게 하는 소리
또는 꽃이 되는 소리 어깨 사이로
환한 나라 하나를 솟구쳐 올리는 소리
모든 느꺼움에 취하지 않고
다만 가슴에만
가슴에만 오랜 떨림으로 남는 소리 위하여

겨울밤

오랜만에 나가 본 겨울밤
왜 이제야 왔느냐고
바람이 내 뺨을 후려 갈겼다

헐벗은 나뭇가지에 가둬놓은 달처럼
나도 당신을 오래 안을 수는 없겠지요
그대여, 우리
세상에 누더기를 덮을 순 없겠지요

장미

피자, 억만 년 더
오뉴월 심장이여
공장이여, 토지여
결혼이여, 무덤이여
문 밖의 모든 통곡들이여
마침내 늙은 창녀의 자궁처럼
더럽게 오래 지더라도
오, 우리를 찌르는 향기 붉은
봉기의 가슴들이여

강변

지나다 들른 까페
창가에 놓인 난초분 하나
머릿속을 온통 푸른색으로 물들인다
머릿속에 난초 하나 키우려고
이제까지 온 건 아니지
내 발길이 심은 잡풀에 걸려 내가 넘어진다 해도
잠깐 보았던 푸른 신호등 깜박거리고
세월의 건널목 가운데 갇힌다 해도
꿈꾸는 거지가 되거나
초라한 깽판이 되거나
닫힌 축제가 되거나
영악하게 죽어가기 위해 온 건 아니라고 말하고 싶어졌다

피, 창가에 놓여서 안 예쁜 난초가 있나 뭐

자장가

살아서 땀 흘린 이들
얼굴을 씻고 별이 되어 나왔다
살아서 피 흘린 이들
환한 발목으로 걸어 나왔다
그들이 세상에 묻는 노래로
온 밤이 포근한 이불을 덮는다

이미 아팠던 이들
더 아프지 말기를
이미 쓰러진 이들
더 쓰러지지 말기를
자장 자장 자장 자장

강물

슬픔만이 슬픔을 알아본다
헌 슬픔이 새 슬픔에게 자리를 내어주면
새 슬픔이 헌 슬픔을 밀고 간다
한참을 흐르다 보면
어느 게 제 슬픔인줄 모르고 몸을 섞기도 하면서
엉금엉금 기면서도
끝끝내 발 내리지 못하는 열망의 바다여
우리 그렇게 유장한 강물이다

계단

계단이 계단인 것은
기필코 올라서야 할 곳이 있다는 뜻이다
헤아릴 수 없는 희망과 절망 사이
쓰러짐이기도 하고 버팀김이기도 한 계단은
그 가팔랐던 삶들이 이어지고 겹쳐져
오늘 우리가 선 자리를 이루었다는 뜻이다
땅 밑으로 향할 때조차 등 뒤론 이미
하늘보다 높이 오른 계단은
우리가 우리를 더 높이 치켜 올리기 위하여
내려섬이 더 포근한 세상 위하여
아직도 역사 속에
필생으로 겹쳐져야 할 자리가 있다는 뜻이다

안경

안경을 닦는다는 것
세상을 향하여 새 창을 열어 둔다는 것
가까이 보기 위해 허리가 꺾였지만
늙고 흐려지지 않기를 바라는 것 또한 욕심이겠지만
확보된 시야만이 전부가 아니라는 것
오늘도 네가 좁아 가슴 터져라, 사랑이여

다리

서정홍 시인의 출판기념회
한 시대를 건너온 사람들이 모여 있었다

누구에게나 자기 세대의 물결이 가장 높은 법
아무도 손잡아 줄 수 없는 파도가 있다
물에
뼈를 몇 개 흘리고 왔나
잠시 누웠다가 온 자리 허리가 허전하다

궂은 비

사월 거리에 궂은 비 내린다
벚꽃 분분했던 시절에
발갛게 취하고 싶었던 꿈 위로
궂은 비 내린다
챙길 것 없는 손 위로 궂은 비 내린다
궂은 눈물만 내보일 적에 궂은 꿈은
내려 꽂히며 창살이 되지만
스스로 갇히지 않기 위하여 먼저 뛰는
궂은 비 바쁜 발자국
그래, 내다보면 더 잦을 궂은 날들
넘어진 것들은 몸져누워
더 아프게 쑤셔댈 테지만
쉬운 잠을 아프게 깨우는
궂은 비로 흐를 것인가 우리는
꽃필 날들의 뒷장
비 오는 화면 속
지울 수 없는 기억 하나 될 것인가

다산초당 가서

다산초당 가서
세상의 끝을 보았네
강진 앞바다 갈대들이 몸을 바꾸는 밤이면
어쩔 수 없는 새벽까지 바람이 불어와
많이도 베었으리라 한 사내 가슴

차 한 잔을 덥히며 아침 바다를 굽어보면
그리움도 그렇게 한참을 밀려와야 씻겼느니
그 사람 흐르는 세월에 더욱 눈 맑아 찾아 적었으리라
조선 땅 버려지고 모든 꿈들을

다산초당 오르는 길은 돌밭
수풀처럼 어둑했던 나라
시절 높았던 파도를 넘던 한 사내
가슴 속을 따라 오르는 길

밑살

눈바람에 앞집 대밭이 못 견디겠다 합니다
짙푸른 윤기로 빛나던 잎새들도 뒤집어져
허연 밑살이 다 드러났습니다
나는 또 쏟아지는 눈발을 치받으며 내려갔고요
올라오면서 다시 보니
언제 그랬냐는 듯 제법 눈 코트를 걸치고 섰습니다
푸르름도 보여주기 싫은 밑살도 이미 한몸이라면
그대여, 우리 가파른 비탈을 움켜쥐고서라도
한 세상 끝까지 흔들려봐야 되는 것 아닐까요

■해설

슬픔의 아리랑
— 서정민론

민병기(창원대 교수, 시인)

　살다보면 뜻밖의 낭보朗報나 비보悲報를 듣기 마련이다. 그 중에 제자들의 소식이 많다. 임용이나 공무원 시험에 합격했다는 기쁜 소식을 듣는가 하면, 때론 애석한 사망 비보를 듣기도 한다. 너무 슬픈 소식이기에 그냥 넘길 수 없어서, 그 사연을 글로 쓴 경우도 있다. 대표적인 사례가 15년 전에 있었던 사건이다.

　국문과 86학번 대표가 그 주인공이었다. 그니는 주근깨가 송글송글하게 난 얼굴에 늘 미소를 머금고 다니는 명랑한 성품의 소유자였다. 매사에 적극적이었고, 말솜씨에 재치가 넘쳤고, 성적이나 글재주에도 능력이 뛰어나 반에서 인기가 높았기에, 그니는 학년 대표에 이어 학과 대표를 맡았다.

　수업 시간에 '아버지'란 제목으로 쓴 글을 발표했을 때, 그니는 수강생들의 힘찬 박수갈채를 받았다. 내용은 집안 이야기였다. 사업에 실패한 뒤 말년을

병으로 고생하시다 돌아가신 아버지를 추모하는 글이었다. 간결·직핍한 문장으로 묘사력이 뛰어난 글이었기에 난 그니에게 소설 쓰기를 권유했다.

그니는 학과 일에 아주 열성적이었다. 아르바이트 첫 월급 전액을 투자해 『해금문학전집』 전질을 구입하여 학과실에 기증했다. 또 휴학 중인데, 그니는 학과 대항 축구시합에서 남학생 대신 출전하여 무리하게 공을 차다가 그만 과로로 지병이 악화되어 영영 일어나지 못하는 신세가 되었다. 그렇게 그니는 학과 일에 몸과 마음을 바쳐 활동한 헌신적이고 열성적인 학생이었다.

그니가 22살이란 젊은 나이로 짧은 생을 마감하였기에, 그니의 비보는 당시 재학생이나 선배들에게 신화적 슬픔을 느끼게 했고, 그니의 행적은 지금도 동문들 사이에 학과의 영웅담으로 살아남아 있다. 슬픈 소식이 그 한 사건만으로 그친다면 얼마나 좋을까만, 그러나 세상은 그렇지 않았다.

또 다른 사건은 꽃사슴의 사망 비보였다. 그니는 너무 순수하여 학우들 사이에 꽃사슴으로 통했다. 시의식이나 사회의식이 너무 높아 현실을 초월적으로 접근하다 그만 요절하고 말았다. 작고 후 그니의 유고시집 『설총의 저녁달』이 〈시와 사람〉에서 2004년에 출간되었을 때, 그 시집을 읽은 슬픈 감정을 나는 다음과 같이 시조로 표현했다.

시의 묘비명 핏줄 타고 흐르다 뼈에 앙금진 슬픔과 함께
꽃사슴의 영혼이 언어로 화석이 된 이 시집
독자여 삶의 비애를 감히 말하지 말라

이어 87학번 서정민 군의 비보가 전해졌다. 그의 유고시집 발문을 써 달라는 요청을 받고 나는 참 고민을 많이 했다. 내가 그 적임자가 아니었기 때문이다. 오히려 후배 동문의 추모글이 더 좋지 않을까 생각되었다. 그래서 부산대 국문과 박사과정에서 시를 전공하고 있는 조춘희에게 대신 부탁을 했다.

서군은 생전에 이선관 시인을 마음 속으로 무척 흠모했다. 그런 연유의 결과인지, 시의 경향도 유사한 점이 많았다. 자신의 경험에 충실한 사실적인 고백시를 즐겨 썼다는 점, 신체적 장애를 시 쓰기로 감내한 고뇌의 흔적이 시편 속에 잘 반영되어 있다는 점에서 서로 일치한다. 서군의 시는 자신의 경험에 대한 기억에서 시작된다. 그래서 그의 시 속에 자신의 알몸이 다 드러나 있다. 그만큼 그의 시는 너무나 사실적이다. 시에 등장하는 인물도 할머니 같은 가족이나 친구나 동창이나 친지 같은 실제 인물들이다. 창조된 인물은 거의 등장하지 않는다. 그런 점에서 그의 시에 등장하는 화자는 모두 경험적 화자이다.

원래 시의 화자는 크게 둘로 나누어진다. 하나는

시인 자신이 직접 등장하는 경험적 화자이다. 이 경우 시인과 화자는 일치한다. 또 하나는 시인이 만든 허구적 인물인 창조적 화자이다. 이 경우에 화자는 시인과 구별된다. 화자의 성격이 모호한 경우도 여기에 속한다.

그러나 시가 진실할수록 경험적 화자일 가능성이 높다. 이 점에 대해 일찍이 청마靑馬는 분명하게 언급했다. "나의 시는 내게 있어서 언제나 第2義的 가치밖에 가지지 않았고, 그것은 언제나 인생에 대한 나의 사유하고 느끼는 바를 표현하는 구실을 하는 것밖에는 아니었습니다. 그러므로 해서 나는 심히 대담하게도 '나는 시인이 아니다', '진실한 시는 마침내 시가 아니어도 좋다'고 말했던 것입니다."(유치환, 『구름에 그린다』, 신흥출판사, 1959, 148p)

이 글에서 청마는 시를 '진실한 시'와 그렇지 않은 시로 나누었다. 그가 말하는 '진실한 시'란 시인과 화자가 일치되는 경험적 화자가 등장하는 시를 뜻한다. 반대로 진실하지 않은 시는 시인과 화자가 일치되지 않는 시, 즉 창조적 화자가 등장하는 시를 뜻한다. 그가 "진실한 시는 마침내 시가 아니어도 좋다"고 말한 것은 기교적인 시가 현대시의 주류를 이루고 있는 당시 시단에 대한 불만의 표출이다. 또 "나는 시인이 아니다"라는 말도 '진실하지 않은 시'를 쓰는 시인이 아니라는 뜻이니, 결국 자신은 진실한 시인이란 반어적 강조에 불과하다.

마치 추상화가 현대미술을 대표하듯, 화자와 시인이 일치하지 않거나, 화자가 모호한 기교적인 시가 현대시를 대표하는 풍토에서, 많은 시인들이 화자를 숨기는 경우가 많고 또 추상시로 흐르는 경향이 짙다. 경험적 화자가 분명히 드러나는 구상시는 시인의 의도가 분명히 드러나는 솔직한 시로, 쓰는 그 자체가 목적인 시이다. 이에 비해 창조적 화자가 등장하는 추상시는 쓰고 싶은 의미를 드러내지 않고 감추는 기법적인 시이다. 구상시가 가슴으로 쓰는 시라면 추상시는 머리로 쓰는 시이다. 따라서 구상시가 감동적이라면 추상시는 기교적이다. 구상시가 표현 그 자체가 목적인 시라면, 추상시는 표현이 수단인 시이다. 현대시인들이 구상시보다 기교적인 추상시를 지나치게 추구한 결과 감동력과 독자를 함께 잃고 말았다.

이는 시만이 아니고 현대 예술의 전반에 걸친 일반적인 경향이다. 화단의 경우, 화가들이 추상화를 그려 화단에 인정받고 명성을 얻은 뒤에, 상업적 판매성을 높이기 위해 구상화를 그리는 화가들이 많다. 시단의 경우도 이와 비슷한 경향이 있다. 시단에 인정받기 위해 추상시를 쓰고, 독자들에게 감동을 주기 위해 구상시를 쓰는 경향이 있다. 비근한 예로 신

춘문예에 당선되기 위해 추상시를 쓰고, 잘 팔리는 시집을 내기 위해 구상시를 쓴다.

서군도 시단의 기교적 흐름에 초연하여 청마처럼 시인과 화자가 일치하는 진실한 시만을 썼다. 오직 자신의 경험만을 시로 직접 다루었다. 그런 점에서 그는 철저하게 구상시를 쓴 무기교의 시인이었다. 그의 시가 주위 친지들이나 문청 동인들에게 인기가 높았던 이유도 바로 여기에 있다.

경험적 화자가 등장한다고 시가 모두 진실하고 격이 높은 것은 결코 아니다. 그 시 속에 영혼의 높이와 깊이의 폭이 넓어야 한다. 산이 높고 골이 깊어야 물살이 세차서 멀리 흐르듯이, 시인의 통찰력이 넓고 생각이 깊어야, 그 시가 독자의 가슴을 파고드는 감동의 물살이 힘차다. 얕은 생각에서 심심풀이로 읊조린 시가 독자의 가슴 깊이 스며들 리가 없다. 유행가처럼 얄팍한 감상주의 수준이거나 화장실 낙서처럼 천박한 에로티즘의 수준으로 독자의 진심을 사로잡을 수는 없다. 다음 시가 그 대표적인 시다.

    슬픔만이 슬픔을 알아 본다
    헌 슬픔이 새 슬픔에게 자리를 내어주면
    새 슬픔이 헌 슬픔을 밀고 간다
    한참을 흐르다 보면

어느 게 제 슬픔인 줄 모르고 몸을 섞기도 하면서
엉금엉금 기면서도
끝끝내 발 내리지 못하는 열망의 바다여
우리 그렇게 유장한 강물이다
―「강물」 전문

　힘겨운 삶의 고개에서 절망하는 쓰라린 고뇌가 시구에 흐르고, 슬픈 영혼의 피가 시어마다 선명하게 배어 있어야 독자의 심금을 울릴 수 있다. 서군의 시편 중에는 자신의 비통한 체험을 다룬 시가 많아 의미의 심도가 깊다.

꿈꾸지 말자
그 여름 후끈거리는 대지를 꿰뚫고 솟아오르던
우리들의 치기는, 오만은
이미 삶겨지고
절구통 속에서 철저히 짓이겨지지 않았느냐
이제 내 몸은 굳어져
마산시 화영동 1-5 서봉기 씨 집 골방에서
퀴퀴한 곰팡이와 더불어 잠이 들지만
얼음 어는 소리까지 들릴 것 같은 이 밤에도
가슴은 오히려
주체할 수 없는 기쁨으로 불타오른다.

오랜 세월
우리들의 아픔 짜디짠 소금기로 절여가며
풋고추 상처를 위해 한 가슴 폭폭 떠내일 줄도 알고
때로는 우거지처럼 못난 이웃과 함께
속도 끓일 줄 아는
그런 사랑법을 배웠음으로 해서
—「메주」 전문

 이 시는 1989년 창원대신문 132호에 실린 작품이다. 당시엔 시 발표 지면을 얻기가 아주 힘든 시절이었다. 창원대신문 문화면에 투고된 작품이었다. 이 시가 처음 활자화되었으니, 그의 처녀작이요, 그의 대표작이다. 그만큼 이 시는 그의 시집에서 큰 비중을 차지하는 작품이요, 그의 시적 특징이 잘 드러나는 수작이다.
 뇌성마비 장애자로 생을 지탱해야 하는 운명적 무게를 견디기 위해, 그는 남다른 고통과 인내를 감수해야 했으리라. 그것은 무서운 좌절감이요, 고독감이었으리라. 가난과 질병의 압박으로 인한 절망적 상황에서 그는 결코 좌절하지 않고 일어서려는 의지를 지니고 있었다. 그런 고통 속에서 생을 지탱하는 의지를 키웠고 이웃을 사랑하는 법을 배워나가는 정신적 고행이 바로 그의 시 쓰기였다. 그런 내면 의지가 이 시에 잘 반영되어 있다.

"마산시 화영동 1-5 서봉기 씨 집 골방에서/ 퀴퀴한 곰팡이와 더불어 잠이 드는" 상황의 가난 속에서 "절구통 속에서 철저히 짓이겨지"는 좌절감과 "아픔 짜디짠 소금기로 절여가"는 고통을 느끼지만, 그는 결코 좌절하지 않고, 다시 일어서 "가슴은 오히려/ 주체할 수 없는 기쁨으로 불타오르"는 환희를 느낀다. 또 "풋고추 상치를 위해 한 가슴 푹푹 떠내일 줄도 알고/ 때로는 우거지처럼 못난 이웃과 함께/ 속도 끓일 줄 아는/ 그런 사랑법을 배웠음으로" 더불어 살아가는 법을 터득하고 있다. 그것은 엄청난 인내의 소산이요, 무서운 자기 성찰과 정신적 단련의 결과였으리라.

1997년 〈문청〉 동인지에 서군의 시 10편이 초대시로 소개되었다. 서군은 비록 동인은 아니었지만 초대시로 발표되는 영광을 얻었다. 그만큼 이 지역 젊은 시인들에게 그는 인정을 받았다. 서군의 시가 지닌 절대적 가치를 그들은 높이 평가했기 때문이다. 서군의 시가 대학 신문이나 동창회보가 아닌 전문 동인지에 수록되었다는 점에서 시인으로 공인받은 문학적 사건이었다. 거기에 실린 시는 「방울뱀」, 「돌담부랑」, 「원전에서」, 「귀가」, 「이매진 어브 리모컨」, 「땡초」, 「모리제 부근」, 「작은 배」, 「달력」, 「모닥불 가에서」 등이다. 1990년대 중반 동창 회보에 실린 시 「체크무늬」도 삶의 고통을 호소한 우수한 작품이었다.

> 어릴 적 우리 집 돌담부랑
> 넘어져 삘 때마다 할머니께서 처매주시던 노락쟁이도 자라고요
> 장어국, 된장찌개에 넣으면 향긋하던 방아도 자라고요
> 허술한 틈새로 많은 것들이 자랐습니다
> 돌 한 개 스윽 빼내고
> 반짝이는 구슬이랑
> 별들이 둘레를 빼곡이 채운 딱지를 감춰두던 돌담부랑
> 오늘도 우리들은 얘기합니다
> 자기의 담장이 가장 허술하다고
> 서로의 담 높이만 살피다가 돌아오면 생각납니다.
> 방아꽃 사이로 벌들이 부지런히 오가던 돌담부랑
> 그 따스했던 가을 나절이
> ―「돌담부랑」전문

이 시는 유년 시절을 회상한 동시풍의 시이지만 동시는 아니다. 평화롭고 화해로운 유년 시절을 회상하는 서정시이다. 그의 시에 자주 등장하는 할머니가 이 시에도 나온다. 그에게 할머니는 어떤 존재인가. "넘어져 삘 때마다 할머니께서 처매주시던" 그런 존재이다. 즉, 현실에서 상처받을 때마다 치유해주신 할머니이다. 어린 시절 그에게 할머니는 절대

적인 보호자요, 그가 위로받을 수 있는 최후의 귀의처였다.

　할머니는 거센 세파를 막아주는 돌담부랑 같은 존재였다. 그 돌담(부랑)의 허술한 틈새에 약초인 노락쟁이와 "장어국, 된장찌개에 넣으면 향긋하던 방아도" 자란다. 따라서 '돌담부랑'의 허술한 틈새와 할머니의 이미지는 일치된다. 양자 모두 그가 현실에서 좌절감을 느낄 때 위로받을 수 있는 최후의 안식처였다. "돌 한 개 스윽 빼내고/ 반짝이는 구슬이랑/ 별들이 둘레를 빼곡이 채운 딱지를 감춰두던 돌담부랑", "방아꽃 사이로 벌들이 부지런히 오가던 돌담부랑"의 그 허술한 틈새는 약초, 향초, 나물 같은 생명체가 자랄 수 있는 곳이다.

　그 틈새에서 식물들이 자라듯 할머니의 사랑과 보살핌에서 그의 시가 움트고 자랐다. 다음 시에서 그 점을 읽을 수 있다.

　　　중풍으로 두 번 쓰러져 무릎 꺾인 할머니
　　　기어서 방바닥을 닦으시네
　　　이불을 개시네
　　　티빌 보며 중얼거리시네
　　　젊은 날 제 욕심에 무릎 꺾여
　　　종일 누워서 머리속이나 뒤지고 있는 내게
　　　이불 덮어주시다가

"할매, 가만 좀 놔두이소."
   흠칫 놀라시네

   다시 올 것 같지 않는 봄날
   ―「겨울나기」 전문

 기면서 청소하고 이불 덮어주시는 할머니의 보살핌, 그런 사랑으로 화자는 종일 누워서 공상하며 시도 쓸 수 있다. 어릴 때나 성인이 되어서나 할머니의 헌신적인 사랑은 지속적이다. 그런 사랑 속에서 시인의 시작이 가능했다. 이렇게 그의 시는 모두 화자와 시인이 일치된다.

   어두워진 골목을 절름절름 오릅니다
   앞서가는 달빛도 절름거리고요
   위태롭지 않은 길이 어디에 있겠습니까
   한 조각 희망도 없이
   누군들 길을 나섰겠습니까
   다들 그 사이를
   출렁출렁 걸어가겠지요
   ―「귀가」 전문

 뇌성마비 장애로 늘 절름거리며 생활한다는 것은 결코 쉬운 일이 아니다. 그러나 시인은 좌절하지 않고 희망을 품는다. "앞서가는 달빛도 절름거리고요"라는 표현처럼 자연 속에서 동질감을 느끼고 시인은 용기를 얻는다. 깊은 자기 성찰의 결과로 자연과 합일되는 의지를 발견하고 있다. "위태롭지 않은 길이 어디에 있겠습니까"라는 설의적 강조를 하며, 반등의 현실 극복 의지를 표출한다.

> 그래 맞아, 난 방울뱀이야
> 하지만 믿을 수 있겠니?
> 내가 한때 대열의 맨 뒤를 따라서
> 지평선을 넘어가고 싶던
> 순한 낙타였다는 사실을
>
> 눈 감고, 귀 막고 사막을 건너가자고
> 밤이면 숱한 맹세를 피워 올리고
> 나는 그 곁에서 끄덕끄덕
> 잠이 들곤 했었어
>
> 깨어나 보면 흩어져 모래바람이 되거나
> 천천히 굳어가는 얼굴들
> 내가 할 수 있었던 건
> 배를 땅에 까는 일
> 그리고 독을 품는 일 뿐이었어

이제 오아시스 따윈 아무 데도 없다는데
촤르르 촤르르
내 몸 속에선 아직도 물소리가 흐르고
그때마다 나는 몸서리치고 있어

용서하지 마, 널 물고 늘어지는 건
나의 외로움이 치명적이기 때문이야
— 「방울뱀 1」 전문

 "내가 한때 대열의 맨 뒤를 따라서/ 지평선을 넘어가고 싶던/ 순한 낙타였다"는 표현에서 드러나듯이 그는 고교시절부터 장애의 몸으로 사회운동에 일찍 참여했다. 개인적 영달보다 사회발전에 우선하여 그는 관심을 가졌다. 이런 자세는 대학에 와서도 여전했으니 학생운동에 적극 참여했다. 다음 시에 그 점이 잘 드러난다. "PD가 나 혼자뿐이라고 믿게 만든 창원대학교/ 그래서 후배들 끌어모아/ 선배들에게 좆나게 대들던 곳"(「창원대학교 1」)이란 시가 대표적인 예이다. 이 시를 보면 그가 PD노선의 대표적 인물임이 드러난다.

마지막 목숨으로 산천을 물들이는 단풍잎처럼
세상에 야하고 따스한 옷 한 벌 입힌다는 게
얼마나 어려운 일인데

촌스런 한총련이건
동해안에 출몰한 무장공비건
그 사이 눈물에 짓무른 얼굴들을 모두 지우는
1996 가을, 아직 붉은색은
피칠갑이다, 히스테리다
— 「1996 가을, 레드」 전문

그가 한총련을 촌스럽게 본 점에서 PD노선을 걷고 있는 그의 긍지를 읽을 수 있다. 사회운동을 하다가 희생되는 젊은이들의 의미를 단풍잎으로 상징하고 있는 이 시에서 그의 현실 참여 의지를 읽을 수 있다.

난 망가진 기타
빛나는 노래의
오래 울리는 배음이 되고 싶었네

머리 속의 완벽한 선율을 따라
속주로 이륙하고 싶었네
운명의 코드를 바꾸고 싶었네

남은 현들을 힘껏 조여 보는 거야
먼지를 잠 깨워 춤추게 하고
통쾌한 달을 쏘아올려서

밤하늘 가득
별들의 박수소리를 들어보는 거야

난 망가진 기타
고요가 나를 삼키기 전에
내가 지닌 모든 불협화음으로
징징 울어 보는 거야
— 「망가진 기타 1」 전문

    그는 「망가진 기타」 연작시를 썼다. 이 시편들 속에 자신의 처지를 상징적으로 표현했다. 그 속에 못 이룬 자신의 꿈을 담았다. 그 꿈은 자신의 영혼이 창조한 선율로 "먼지를 잠 깨워 춤추게 하고", "별들의 박수소리를 들어보는" 것이었다. 그는 늘 자신처럼 불행한 사람들의 편에 서서 그들을 찬미하는 노래를 부르고 싶어했다. "살아서 땀 흘린 이들", "살아서 피 흘린 이들"을 위한 진혼가를 시로 쓰려고 했다.

    그의 시는 슬픈 영혼을 위한 송가요, 슬픔의 아리랑이요, 민중의 아리랑이다. 다음 시가 이를 예증한다.

오래 잠 못 드는 밤이면
보일러나 냉장고 소리도 시위를 합니다
그냥 제대로 돌아가는 것뿐인데도

고장 난 내 앞에서는
지들끼리 치고 노는 굿판 같습니다

돌아보지 않았던 내 걸음도
누구 앞에다 산을 쌓고
절벽을 파놓았을지 모를 일입니다

늦은 밤 다시 들어보면
나를 버리고 가시는 님은
십리도 못가서 발병 난다고
사립문 뒤에 서 있던 아리랑이 발을 동동 구릅니다
일체 중생 제도하기 전까지는
다만 기다리고 있겠노라던
미륵 부처님 말씀이 되어 펼쳐집니다

오래 잠 못 드는 밤이면
먼 고개를 돌아온 슬픔 하나가
보일러나 냉장고 소리로 가깝게 들리며
아리 아리 나를 깨웁니다
―「늦은 밤 아리랑」

 깊은 밤 괴로워 잠 못 이루는 순수한 영혼만이 이 시의 진가를 발견할 수 있다. 세속적 욕망에 사로잡히지 않은 순수한 영혼만이 이 시의 진가를 음미할 수 있다. 서군의 시는 시적 기교의 수준을 초월한 자리에 있다. 슬픔이 얼마나 먼 길을 돌아오느라 발이 상했는지를 알아 볼 수 있는 사람만이 이 시집의 진미를 맛볼 수 있다.

■추모평론

발효하는 메주, 오늘을 살다
— 고 서정민 유고시집

조춘희

1. 오늘을 꿈꾸다

　오늘의 발견은 현재의 발견이고 동시에 살고 있음의 발견이다. 또한 과거의 함축이며 미래의 도중이다. 그렇기에 오늘은 지금 이 순간인 동시에 지나가 버린 것이며, 아직 오지 않은 것에 대한 통칭일 수 있다. 오늘의 선형적 시간에 대한 인식은 기본적으로 오늘의 기억화, 혹은 화석화를 불가피하게 한다. 시인은 그 안에 놓여 있다. 단지 오늘을 꿈꾸는 소박한 그 자리에 시인이 있다. 그것이 시인의 유일한 희망이며 꿈이다.
　시인은 매순간의 오늘을 발효의 미학으로 현재화시키고 있다. 발효를 통한 과거와 미래의 호출, 그것 자체가 현재를 꿈꿀 수 있는 의미가 되는 것이다. "꿈꾸지 말자"는 단언으로 스스로를 억압하고 좌절시키고 있는 것은 결국 시인 자신이 만든 감옥이며,

사회는 시인이 그렇게 하도록 방관하거나 나아가 제도화시키고 있었는지도 모르겠다. 그러나 그 안에서 또 다른 것을 가치 있게 발견하여 "사랑법"(「메주」)을 배워나가는 것이 시인의 삶의 방식이다. 물론 이러한 사랑법으로 삶의 방식을 익히기 전까지는 "독을 품는 일"(「방울뱀」)이 시인이 할 수 있는 유일한 일이었다. 시인은 독을 품으면 품을수록 외로웠으며, 종래에는 외로움이 가시가 되기도 했던 것이다. 한때 찬란한 삶을 꿈꾸던 콩이 메주가 되기까지의 절망, 그리고 메주가 되고난 후에 또 다른 生의 가치를 배우는 과정을 시인은 삶이라고 말한다. 결국 시인은 지난한 장애의 삶을 극복하면서 자신을 소외시킨 他, 그리고 사회와 조화될 수 있는 삶의 방법을 끊임없이 갈구했던 것이다.

발효한다는 것은 곰삭는다는 의미이다. 이것에는 인내의 시간과 버림의 미학, 그리고 집착으로부터의 해방이 선행되어야만 한다. 또한 '生 것'이 가진 욕망을 극복했을 때, 바로 그 순간에 완성된다. 하지만 사는 동안은 이 발효의 완성이란, 그 순간이란 확실히 오지 않는다. 즉, 만다라의 순간은, 해탈의 순간은, 감히 욕망으로 점철된 '지금 여기'의 존재자에게는 허락될 수 없는 것이다. 그것이 죽음 너머에서나 허락하는 것이라 할지라도 시인은 발효의 미학을 통해서 끊임없이 현재형의 오늘을 창출하고 있다.

시인이 떠나고 없는 '남은 자리'에서도 남은 이들에게나마 유의미할 수 있도록 말이다.

이처럼 시인은 오늘을 꿈꾸기 위한 방편으로 살아감, 곧 삶에 대한 공식들을 정의 내린다. 「쌍발에서」는 삶을 살아내는 젊은이들의 이야기를 하고 있다. 그들의 육신은 시인의 것처럼 '장애'를 가지고 있거나 또는 시인의 것과 달리 온전하다. 그러나 이 온전하다는 의미는 금방 퇴색되고 만다. 그들은 누구도 온전할 수 없다. 결국 온전함이란 육신의 몫이 아니라, 마음의 몫인 셈이다. 그렇기에 장애는 결코 육신의 불구성에서 비롯되는 것이 아니다. 우리가 살아가는 것 자체가 우리의 내재된, 혹은 잠재된 불구성을 깨닫는 일일 수밖에 없는 것이다. 그러나 시인은 존재함 자체의 불구성뿐만 아니라 육신의 장애까지 견뎌내야 했다.

「달밤」에서처럼 시인의 삶은, 즉 "산다는 것은／ 평생을 흔들어도／ 다 털어내지 못하는 슬픔을 매달고서／ 굵은 마디를 키워가는 것"이었다. 그만큼 시인이 살아내야 했던 生의 마디는 굵고도 무거웠으며, 슬픔을 오래 견뎌낼 수밖에 없었을 것이다. 그럼에도 "산다는 일도 허벅진 잔치판 같"(「장구」)을 수 있다고 자신하는 것은, 풍물을 통한 숙명적 恨의 승화에 있다. 시인의 이러한 삶의 공식은 「징」에서 엿볼 수 있다. 즉, "산다는 게 외마치 홑질굿 같을 때／ 그래서 푸너리나 중얼중얼 읊조릴 때/ 가끔은 시나위청으로 엇박 짚을 때에도/ 제 속을 오래 들여다 보며 되새김질하는/ 순한 소 울음 하나 품고/ 해 저문 산을 넘어가고 싶"다는 시인의 소박한 소망은 시인의 이러한 삶의 자세를 그대로 보여준다.

또한 시인이 꿈꾸는 소박함은 풍물과 더불어 詩作에 대한 자세에서도 묻어난다. 단지 자신이 쓰는 詩가 "붕어빵 같았으면 좋겠"다는 것, 그리하여 "영혼의 허기를" 채워줄 수 있는 "시를 쓸 수 있"기를 혹은 "그런 자세로 살 수"(「붕어빵」) 있기를 원할 뿐이다. 그러나 시인의 소박한 희망은 결코 쉽게 이루어지지 않는다. 그것은 절망과의 끝없는 실랑이 끝에 겨우 얻을까 말까 한 잔인하도록 철저한 검열을 거쳐서야 가능하다.

이와 같은 소박한 삶의 의미 안에서도 "좌석에 찍어 놓은 엉덩이 자국처럼/ 내 삶도 곧 잊혀지리니/ 졸면서 지나치는 정류소로 생각"(「소를 타고 1」)해야 한다는 자조 섞인 한탄을 풀어 놓는다. 어쩌면 시인이 정말 두려워하는 것은 자신조차도 스스로의 존재감을 지나쳐 버리지나 않을까 하는 점이다. 곧 자기 부재에 대한 인식 때문에 시인은 끊임없이 존재함의 오늘을 호출할 수밖에 없었다. 다른 사람들처럼 생명이 주어짐과 동시에 '당연한 오늘'을 허락받지 못한 시인은 오늘의 현존적 인식을 통해서 자신의 존재함을 고독하게 알렸던 것이다.

2. "망가진 기타", 고장난 운명

살아가는 것 자체가 지독한 고독을 견디는 일이라면, 시인이 겪어야 했던 고독은 보다 처절한 것이었으리라. 사회로부터의 그리고 他로부터의 소외는 이 시대를 살아가는 누구나 겪는 일이다. 그러나 이러한 소외를 넘어 시인은 배제되고 차별받는 生을 살아야 했다. 정상과 비정상의 이분법 속에서 비정상이라고 명명된 것들은 배제된다. 사회가 '정당하게' 제도화시킨 배제는 소외를 낳고, 이로 인한 희생자들은 '당연히' 도외시된다. "모든 이분법들은/ 한 시절을 견딜 수 있"을 지도 모른다. 그러나 시인은 이러한 이분법이야말로 모든 것들이 "망가지는 이유가 된다"(「망가지는 이유」)는 것을 기억해야 한다고 천명한다.

사회가 규정해 놓은 이분법의 모순을 간파한 시인이지만 주어진 운명에 대해서는 어쩔 도리가 없었을 것이다. "운명의 코드를 바꾸고 싶었"다고 말하는 시인의 존재론적 "울"음(「망가진 기타 1」)은 지독한 자기 성찰과 인내로도 극복할 수 없었던 生의 좌절을 보여준다. 시인은 "조여도 조여도 새어나오는 울음"(「망가진 기타 2」)으로 그의 존재론적 불협화음에 대한 한탄을 대신한다. 곧 시인 자신은 온전하지 못한 "망가진 기타"로 자꾸만 어긋난 악보만을 토해낼 뿐인 것이다. "아무데서나 터지는 슬픔"을 끌어안고 "이제 증폭되지 않는 운명을 걸고/ 길게 울어야 할 시간"(「망가진 기타 3」)임에도 스스로의 "위안"으로 근원적인 상처가 아물기를 기도할 뿐이다. 그것이 유일하게 할 수 있는 일인 것인 양, 시인은 자신의 운명 앞에서는 지극히 소극적인 모습이 된다. "이 줄을 고쳐 매는 동안 저 줄이 터지고/ 연주할 악보를 잃어버리고" 급기야 "밴드는 해체되고" "객석"마저 "텅 빈다." 이것이 시인이 견뎌내야 했던 허허로운 운명이었다. 고장 난 채로 주어진 운명으로 인해서 시인은 태생적으로 망가진 기타로 삶을 살아내야 했던 것이다.

이처럼 시인은 "가슴 속 공허에 줄을 걸"고 "외로움의 목을 부여잡"(「망가진 기타 4」)은 채로 운명에 길들여져야 했다. 운명은 시인으로 하여금 "두꺼운 껍질 속에 얼굴을 묻고/ 세월의 뻘밭을 게처럼 기"어 갈 것을 요구했다. "당장의 부재를 견디지 못했기에"(「무제」) 치명적인 외로움으로부터 무방비일 수밖에 없었던, 그래서 시인 스스로가 초라하다고 반성할 수밖에 없었던 자기 존재, 혹은 그 삶에 대한 부정성이 불가피했던 것이다. 이는 치열하게 오늘을 재구성해 나간 삶의 자세와는 너무나도 대조적이다. 그만큼 시인에게 있어서 어긋난 운명의 무게는 가늠하기 어려울 정도로 무거웠다는 것을 헤아릴 수 있다.

시인은 이러한 운명적 무게를 견디면서도 자신이 장애를 가졌다고 해서 타인의 어려움을 외면하지 않는다. 혹은 자신이 대접받기를 원하지도 않는다. 「등을 밀리며」에서 만날 수 있는 시인은 나체의 그것이다. 육체의 나체가 아니라, 정신의 나체이다. 노인에게 등을 밀리면서도 "나는 누구의 등 하나 순정한 마음으로 닦아준 적 있었는지" 모르겠다는 반성으로 나아가는 시인의 모습에서 그 어떤 반항도 찾아볼 수 없다. 사는 동안 한 번도 마음껏 주체가 될 수 없었던 시인이지만, 그리하여 타인의 등을 밀어주는 것이 아니라 밀릴 수밖에 없었던 장애를 가진 "어줄한" 모습을 하고 있었지만, 그 정신의 나체가 보여주는 자기 성찰은 엄격하다.

시인의 삶은 지독한 외로움을 견뎌야 하는 것이었지만, 그것 때문에 절망에 갇히지는 않았다. 절망했다는 것과 절망에 갇혔다는 것은 분명 다른 의미이다. 시인은 극복할 수 없는 운명적 한계에 대해 절망했을지언정 그것에 갇히지는 않았다. 즉, 사는 동안 희망을 버린 적이 없었던 셈이다. 바로 이것이 시인의 삶의 방식이다. "기필코 올라서야 할 곳이 있다는"(「계단」) 듯 안간힘을 써야 했지만, 결코 그것에 절망하지는 않았다. 시인은 "희망과 절망 사이"를 사이좋게 오가며 살아냈던 것이다. 그 안에는 소외된 시인 자신에 대한 연민보다, 또 다른 타자에 대한 짙은 연민과 관심이 도사리고 있다. 어쩌면 이처럼 자신 너머에 시선을 둠으로써 시인은 자신의 삶을 보다 유의미한 것으로 지탱해 낼 수 있었을 것이다.

시인은 "파기"함으로써 빛난다. "깨뜨릴수록 환히 빛나는 상처"가 얼마나 아름다운지를 시인은 알고 있다. 그리하여 자신이 "부순 사금파리에 찔리"(「파기」)는 한이 있더라도 그렇게 살아가는 것이 얼마나 정직한 것인지를 말한다. 결국 시인의 삶의 방식은 끊임없이 자신의 허위와 허물을 파기함으로써 정직과 진실성을 갈구하는 그 자세에 있었다고 할 수 있다. 시인은 이러한 삶의 자세를 통해서 "망가진 기타"로서의 불완전한 운명을 살아낼 수 있었던 것이다.

3. 죽음 너머에서 살다

삶을 살아가는 존재를 "죽음을 향하고 있는 존재"로 규정한 하이데거의 표현을 빌리지 않더라도 죽음이 주는 生의 한계는 명확하다. 존재함의 가벼움, 혹은 그 허무를 견디는 일은 무척이나 지난한 인내심을 요구한다. 사는 동안 죽음을 준비했다고 해서, 즉 준비된 고통이라고 해서 고통의 독재로부터 자유로울 수는 없다. 아무리 죽음에 대해 태연하다 하더라도 삶 너머의 죽음, 그 무지한 공간에 대한 두려움은 유한자적 숙명인 것이다. 존재자 자체가 한계를 지니고 있는 것처럼 그 삶에 있어서도 완벽할 수는 없다. 죽음 너머에서 다시 살기를 희망하듯이, 사는 동안 그 어떤 한계에서도 유의미함을 찾고자 하는 것이 존재자의 본능일지도 모른다.

生이 움트는 것은, 즉 삶의 미학은 완벽에서만 오는 것은 아니다. "허술한 틈새"(「돌담부랑」)로부터도 많은 생명이 자랄 수 있다. 불완전의 미학, 부조화의 미학, 그 안에서 시인은 허술한 듯 보이지만 따스한 행복에 대해서 말한다. 시인은 짧았던 생애 동안 "땡초"로 살아야 했다. 「땡초」에서 시인은 스스로의 투박한 모습을 그대로 노출시키고 있다. 시인에게 있어서 詩는 生의 무게를 일정 부분 지탱할 수 있는 방편이었다. 즉 억압되었던 것들을 詩를 통해서 해소할 수 있었던 것이다. 그렇기에 그에게는 詩 자체의 완성도는 그다지 중요한 문제가 아닐지도 모른다. 이런 점에서 그의 詩는 삶의 진실성을 담보로 한 존재방식의 거짓 없는 보고寶庫라고 할 수 있다. 그래서 그의 詩를 읽는 일은 숨겨놓은 상처를 훔쳐보는 것처럼 비밀스럽다. 마치 삶의 밀어를 훔쳐보는 것과 같이.

이러한 시인의 틈, 그 불완전함은 외로움의 절정에서 쏟아져 나온다. "용서하지 마, 널 물고 늘어지는 건/ 나의 외로움이 치명적이기 때문이야"(「방울뱀」)라는 절규는 이러한 절정의 소산이다. 이는 억제되고 억압받았던 외로움의 덩어리들이 한꺼번에 자제력을 잃고 요동칠 때의 불안함에 있다. 그러나 시인은 자신의 지독한 외로움을 공유하게 된 모든 것들에게 용서를 빎으로써 자신의 외로움조차도 죄스러워한다. 뇌성마비 장애를 안은 채 生을 버텨야 하는 일은 결코 쉽지 않다. 그럼에도 시인은 스스로에게 잔인하도록 매서운 자기 성찰을 요구함으로써 스스로의 외로움을 무겁게 견뎌내고 있는 것이다.

시인은 "어두워진 골목을 절름절름 오"르는 일을 살아감의 단상으로 제시하고 있다. "위태롭지 않은 길이 어디에 있겠"느냐는 반문으로 자신의 부정성을 감추고 있지만, 이는 보다 완만한 길을 갈구하고 있음을 표출할 뿐이다. 희망을 버렸다고, 다시는 꿈꾸지 않겠노라고 선언한 시인이지만, 그 이면에서는 한순간도 희망을 버린 적 없이 살아왔음을 시인하고 있다. 이러한 자세는 "한 조각 희망도 없이/ 누군들 길을 나섰겠습니까"(「귀가」)라는 물음에서 명확해진다. 길은 어느 곳에나 있고, 그것이 꼭 완전한 모습

일 필요는 없다. 길은 그것 자체만으로도 삶의 현재형이요, 유의미를 산출해 낼 수 있는 시·공간인 셈이다.

꿈꾸는 일조차도 쉽사리 허락 받지 못한 시인은 그 슬픈 운명에도 불구하고, "이를 악물고 웃"을 수밖에 없었다. "몰래 제 얼굴에 묻은 슬픔을 닦고 있을 별들"처럼(「숨은 별」) 자신의 슬픔을 닦아내야 했지만, 그러한 슬픔이 있었기에 꿈꾸는 일만으로도 행복할 수 있었을 것이다. "희망은 푹 젖은 성냥갑 같고/ 기억을 짜내면 구정물이 줄줄 흘러"(「요즈음」) 고통스러울 수밖에 없었던 生이었기에 시인의 소박한 행복은 더욱 크게 느껴졌을 것이다.

자신이 "마주 보아야 할 고통" 속을 "흔들흔들 걸어"(「서시」) 가는 시인의 뒷모습이 아른거린다. 시인은 여전히 온전하지 못하나, 그리하여 더욱 눈부시다. "뿌리 뽑힌" "모든 흔적들"에게 기꺼이 "길이 되"(「모리제 부근」)어 주기를 자청하는 시인의 삶은 죽음 너머에서도 현재형일 것이다. 적어도 시인이 남긴 詩에서는 죽음 너머의 生의 자리가 존재한다. 그저 잠시 살다가 가버렸다고, 단지 흔적이라고 치부해 버릴 수만은 없는 삶의 진실성이 여전히 온기를 품고 있다. 죽음 너머에서조차도 "이미 아팠던 이들/ 더 아프지 말기를/ 이미 쓰러진 이들/ 더 쓰러지지 말기를" 희망하고 있을 시인의 바람은 여전히 현재형일 것이다. 그가 남기고 간 망가진 기타에서 불협화음의 "자장 자장 자장 자장"(「자장가」), 여린 자장가가 울려 퍼진다. 나직이.

삶의 시선 021

망가진 기타

초판발행 | 2006년 12월 19일

지은이 | 서정민
편집인 | 박일환
편집주간 | 김영숙
편집부 | 엄기수 나성우
펴낸곳 | 도서출판 삶이 보이는 창
등록번호 | 제18-48호
등록일자 | 1997년 12월 26일

(152-872) 서울시 영등포구 대림1동 929-5(2층)
전화 | (02) 848-3097   팩스 | (02) 848-3094
홈페이지 | www.samchang.or.kr

값 6,000원
ⓒ 서정민, 2006. Printed in Seoul, Korea.

ISBN 89-90492-38-6 03810
ISBN 978-89-90492-38-8